ADA MAGNÍFICA, CIENTÍFICA
INVESTIGA

¡TODO SOBRE CUIDAR EL EL PLANETA!

Andrea Beaty y Dra. Theanne Griffith
Traducción: Dra. Martha Cecilia Mesa

VINTAGE ESPAÑOL

Para la Dra. Theanne Griffith, con todo mi agradecimiento. —A. B.
Para Asha, mi futura coautora. —T.G.

Esta es una obra de ficción. Los nombres, personajes, lugares y eventos son producto de la imaginación de la autora o están usados de manera ficticia. Cualquier parecido con personas reales, vivas o fallecidas, establecimientos comerciales, sucesos o lugares, es fortuito.

Título original: *ADA TWIST, SCIENTIST-The Why Files: Team Green!*
Publicado bajo acuerdo con Amulet Books, un sello de ABRAMS, Nueva York.

Primera edición: marzo de 2025

ADA TWIST ™ Netflix. Usado con autorización.
Copyright © 2024, Andrea Beaty, por el concepto y el texto
Imágenes de la serie ADA TWIST © 2024, Netflix, Inc. Usadas con autorización de Netflix.
Ada Magnífica, científica y los Preguntones fueron creados por Andrea Beaty y David Roberts
Todos los derechos reservados.

Copyright © 2025, Penguin Random House Grupo Editorial USA, LLC
8950 SW 74th Court, Suite 2010
Miami, FL 33156

Publicado por Vintage Español®, marca registrada de Penguin Random House Grupo Editorial USA, LLC
8950 SW 74th Court, Suite 2010
Miami, FL 33156

Traducción: Dra. Martha Cecilia Mesa
Copyright de la traducción ©2025 por Penguin Random House Grupo Editorial

Diseño: Charice Silverman
Ilustraciones: Steph Stilwell
Cubierta: © 2023, Amulet Books. Adaptación de PRHGE

Imágenes cortesía de Shutterstock.com: **Página 4:** *Vaso plástico/ Basura no compostable*, wk1003mike. **Página 5:** *Retrato de madre e hija cocinando champiñones*, AT Production. **Página 8:** *Transporte de petróleo y gas natural en una refinería de petróleo y planta petroquímica*, Petroleum Industry, tonton. **Página 14:** *El buque turístico Mariefred*, Magnus Binnerstam; *Agua hirviendo en una olla*, Viktoria Kytt. **Página 20:** *Planta seca y muerta en una maceta*, Bob Mawby. **Página 25:** *Viento agitando el pelo de una niña*, Chalermpon Poungpeth. **Página 29:** *Niña en la piscina*, Igor Link; *huevo frito sobre la acera*, Holly Vegter. **Página 33:** *Central hidroeléctrica con turbinas mareomotrices*, Breedfoto. **Página 37:** *Turbinas hidráulicas*, Breedfoto; *Niño y niña en tabla de surf*, Denis Moskvinov. **Página 46:** *Juguete en la basura*, Svetliy. **Página 46:** *Basura conformada por retazos de tela*, neenawat khenyothaa; *Osito de peluche en la basura*, Irina Kozorog. **Página 51:** *Botellas plásticas para de reciclaje y reutilización*, ITTiGallery. **Página 52:** *Trabajador en una planta de reciclaje*, Nordroden. **Página 53:** *Chatarra y equipos para reciclar*, sima. **Página 64:** *Biotecnólogo sosteniendo un brote de lechuga mantequilla*, Manop Boonpeng. **Página 65:** *Geóloga con una laptop examinando la naturaleza*, Pornpimon Ainkaew. Imágenes de cortesía de Dominio Público: **Página 11:** *Nubes de humo alrededor un cohete/* Jerry Cannon. **Página 26:** *El Sol, imagen de la NASA – 20100819*, NASA. **Página 40:** *Central eléctrica de Nesjavellir edición 2*, Gretar Ivarsson. **Página 44:** *Parque eólico en el Condado Power 003*, ENERGY.GOV. **Página 53:** *Cubo de papel comprimido en la planta de reciclaje de Berkeley 1*, D Coetzee. **Página 67:** *Retrato oficial de Lisa P. Jackson*, Eric Vance. Imágenes cortesía de Creative Commons: **Página 3:** *Aires acondicionados*, Dinkun Chen (CC BY-SA 4.0). **Página 6:** *Vista aérea de un amanecer*, ozma (CC BY 2,0). **Página 8:** *Montículo de carbón*, Bernhard Hanakam (CC BY-SA 3.0). **Página 9:** *árboles entre acantilados y agua*, Krr005 (CC BY-SA 4.0). **Página 10:** *Ciudad de luces*, paul bica (CC BY 2,0). **Página 10:** *Avión de Jet Blue*, JET BLUE A320 (CC BY-SA 2,0). **Página 102:** *Avenida con tráfico*, Boonlert Aroonpiboon (CC BY-SA 4,0). **Página 13:** *Llenando el tanque de gasolina*, OregonDOT (CC BY 2,0). **Página 14:** *Vagoneta llena de carbón bituminoso*, Jacek Ruzyczka (CC BY-SA 4,0). **Página 21:** *tierra erosionada*, Hydrosami (CC BY-SA 4,0). **Página24:** *Corriente de agua (Río Snake) (50595967667)*, G, Lamar (CC by 2,0). **Página 26:** *hojas secas*, David Goehring (CC by 2,0). **Página 26:** *Río y hojas de otoño (19219470896)*, Eric Kilby (CC BY-SA 2,0); *géiser Castlillo en erupción*, G. Edward Hohnson (CC BY3.0). **Página 28:** *vista desde Backenswarft, Hallig Hooge*, Michael Gäbler (CC BY 3.0). **Página 30**: *Paneles solares en una casa*, Gray Watson (CC BY-SA 3.0). **Página 32:** *Molinos de viento de Consuegra (7079301881)*, Michal Osmenda (CC BY 2.0); *harina de trigo integral*, Margaret Hoogstrate, (CC BY 3.0); *Pan casero*, Tomascastelazo (CC BY-SA 4.0). **Página 33:** *Energía eólica Kamisu 08*, S64 (CC BY 3.0). **Página 34:** *Aspa de un molino de viento*, TheMuuj (CC BY 2.0); *Turbina eólica en Calandawind, Haldenstein*, Kecko (CC BY 2.0). **Página 38:** *Amanecer en Fimmvorduhals 2010 03 27*, Boaworm (CC BY 4.0). **Página 39:** *El géiser Castillo en erupción*, G. Edward Hohnson (CC BY 3.0). **Página 40:** *Wiki de la Central geotérmica de Krafla*, Ásgeir Eggertsson (CC BY-SA 3.0). **Página 45:** *Hembra de gorrión común en Kodai*, Deepak Sundar (CC BY-SA 4,0); *Zorro volador de cabeza gris* (CC BY-SA 4,0), Andrew Mercer IMG41848 . **Página 50:** *Recipiente de reciclaje Nueva Orleans 2007*, Bart Everson (CC BY 2.0). **Página 54:** *Contenedores de basura, East Hollywood*, Downtowngal (CC BY-SA 4.0). **Página 55:** *Avenida 30 con calle 31 td (2019-08-21) 06*, Tdorante10 (CC BY-SA 4.0). **Página 65:** *Limpieza de las playas de Alejandría en 2017*, Hatem Moushir (CC BY 4.0). **Página 66:** *Wangari Maathal*, Universidad Estatal de Oregón (CC BY-SA 2.0). **Página 67:** *Dorceta Taylor, Peggy Shepard, Bunyan Bryant y Paul Mohai*, Universidad de Michigan Escuela de medioambiente y sostenibilidad (CC BY 2.0)

La editorial no se hace responsable por los contenidos u opiniones publicados en sitios web o plataformas digitales que se mencionan en este libro y que no son de su propiedad, así como de las opiniones expresadas por sus autores o colaboradores.

Penguin Random House Grupo Editorial apoya la protección de los derechos de autor.

Los derechos de autor estimulan la creatividad, fomentan la diversidad de voces, promueven la libertad de expresión y crean un ambiente cultural vivo. Gracias por comprar una edición autorizada de este libro y por cumplir con las leyes de derechos de autor al no reproducir, escanear ni distribuir cualquier parte de este en cualquier forma sin permiso. Está apoyando a los escritores y permitiendo que PRHGE continúe publicando libros para todos los lectores.

Ninguna parte de este libro puede ser utilizada ni reproducida de ninguna manera con el propósito de entrenar tecnologías o sistemas de inteligencia artificial

Impreso en Colombia / Printed in Colombia

Información de catalogación de publicaciones disponible en la Biblioteca del Congreso de los Estados Unidos

ISBN: 9798890983268

25 26 27 28 29 10 9 8 7 6 5 4 3 2 1

Mi hermano, Arthur, participó en un campeonato de tenis. Los jugadores tenían mucho calor y mucha sed. Tomaron agua en vasos plásticos que botaron a la basura. Había **UN MONTÓN** de vasos.

Pero, ¡eso no parece muy sostenible! Si todo el mundo bota vasos a la basura ahora, ¿quedarán vasos en el futuro? ¿Qué pasará con el planeta si todos botamos plástico?

¡Es un misterio! ¡Una adivinanza! ¡Un rompecabezas! ¡Una investigación!

¡Es hora de saber todo sobre cuidar el planeta!

Nuestro planeta está lleno de seres vivos y no vivos. Obtenemos energía para cocinar, calentar o enfriar nuestras casas, e incluso hacer libros (¡como este!) a partir de seres no vivos, llamados **recursos naturales**.

¿De dónde vienen los libros?

El gas natural, los metales, el petróleo, el carbón, el aire y la luz solar son ejemplos de recursos naturales.

Un recurso natural puede ser abundante o escaso según su entorno. Algunos de estos recursos pueden reemplazarse, mientras que otros no.

- Un recurso natural **RENOVABLE** se utiliza y reemplaza de forma natural. La luz solar y el aire son recursos renovables.

- Un recurso natural **NO RENOVABLE** no puede ser reemplazado por la naturaleza. Cuando un recurso natural no renovable se agota, no queda nada disponible para el futuro. El carbón y el petróleo son recursos no renovables.

- La mayoría de los recursos naturales son no renovables y, si continuamos usándolos, se acabarán.

- La **SOSTENIBILIDAD** es la práctica de cuidar estos recursos para que todos los seres vivos puedan beneficiarse de ellos ahora y en el futuro. A esto también se le llama **CONSERVACIÓN**.

¡Fascinante!

Uno de los principales usos de los recursos naturales es generar energía. Necesitamos energía para darle electricidad a nuestras casas, conducir automóviles, pilotear aviones, lanzar cohetes y fabricar casi cualquier objeto que se te ocurra.

Los recursos naturales generan energía cuando cambian de una forma a otra. Por ejemplo, cuando le ponemos gasolina a un automóvil, esta es líquida. Al conducir el automóvil, la gasolina se calienta y se convierte en vapor. A este cambio se le llama **reacción** y libera la energía que el automóvil utiliza para moverse.

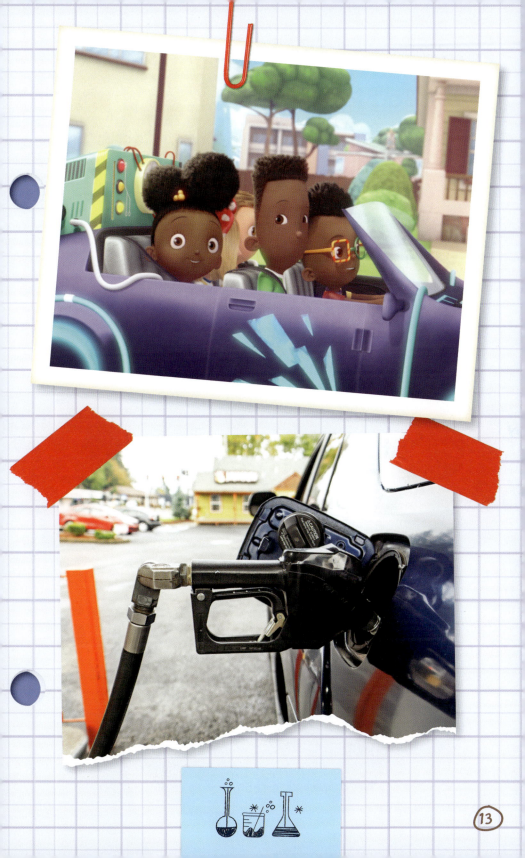

El mismo cambio se produce cuando hierves agua: se convierte en vapor. De hecho, en el pasado, los barcos se impulsaban con el vapor que se producía al calentar grandes cantidades de agua.

El carbón también se utiliza como fuente de energía. La quema del carbón desprende calor, que se utiliza para hervir agua y convertirla en vapor. La energía que se libera durante este proceso puede transformarse en electricidad.

Aproximadamente, una cuarta parte de toda la electricidad en Estados Unidos proviene de centrales eléctricas que queman carbón. El carbón es un recurso natural no renovable.

¿Recuerdas qué significa eso? Después de que lo utilicemos todo, ya no quedará más carbón sobre la Tierra.

La gasolina que impulsa los automóviles se produce a partir del petróleo que se encuentra en las profundidades de la tierra. El petróleo también es un recurso no renovable.

La quema del carbón y del petróleo, para generar energía, también es mala para el medio ambiente. Cuando estas sustancias se queman, liberan **gases de efecto invernadero** en el aire.

Los gases de efecto invernadero, como el dióxido de carbono, atrapan el calor en la atmósfera y lo transfieren a nuestro planeta. Este proceso es la causa del **calentamiento global** y del **cambio climático.**

EL EFECTO INVERNADERO

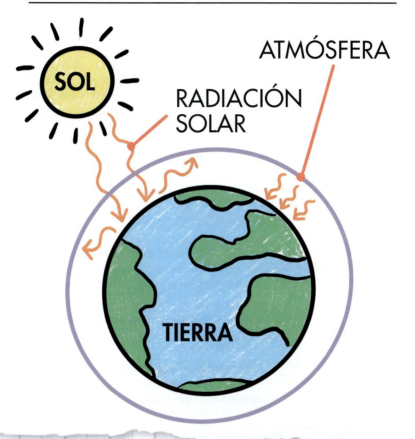

Los gases de efecto invernadero deben su nombre a los invernaderos. Los invernaderos son edificaciones transparentes que atrapan el calor del sol para poder cultivar plantas durante todo el año.

Nuestra vida depende del uso del carbón, el petróleo y otros recursos naturales no renovables para generar energía y electricidad. Tarde o temprano, estos recursos van a agotarse.

El uso que hacemos de los recursos no renovables también perjudica a nuestro planeta y a los demás seres vivos. Debido al calentamiento global, el nivel de los océanos se está elevando, hay cada vez más inundaciones y sequías. Algunos animales y plantas silvestres no sobrevivirán, dado que nuestro planeta es cada vez más caliente.

¿QUÉ PODEMOS HACER?

NECESITAMOS UNA LLUVIA DE IDEAS

1. Podríamos ir a comprar recursos a otros planetas. Pero necesitaríamos un carrito de compras gigantesco.

2. Podríamos encontrar nuevas fuentes de energía. ¡Como el queso o los zancos saltadores!

3. ¡Podríamos usar los recursos disponibles de manera más sensata!

Los científicos están intentando preservar los recursos naturales y detener el cambio climático con la invención de herramientas que nos permitan obtener energía a partir de recursos renovables. La luz solar, el viento, las corrientes de agua y el calor producido por la Tierra son formas de energía renovable.

INVESTIGA HECHOS

FUENTES DE ENERGÍA RENOVABLES

- Es posible transformar la **ENERGÍA SOLAR** en electricidad.

- También es posible convertir la **ENERGÍA EÓLICA** en electricidad.

- La **ENERGÍA HIDRÁULICA** es energía producida por el agua en movimiento.

- A la energía generada por el calor de la Tierra se le llama **ENERGÍA GEOTÉRMICA**.

El sol es el recurso más poderoso. Está cargado de energía y su luz abastece a casi todos los seres vivos de la Tierra. La energía que proviene del sol se llama **energía solar**. Los seres humanos han utilizado energía solar durante miles de años. La hemos usado para cocinar, calentarnos y secar la ropa.

En años recientes, los científicos han encontrado la forma de convertir la energía solar en electricidad utilizando **celdas solares**. Las celdas solares atrapan la energía de la luz solar y la transforman en electricidad. Los **paneles solares** están conformados por muchas celdas solares.

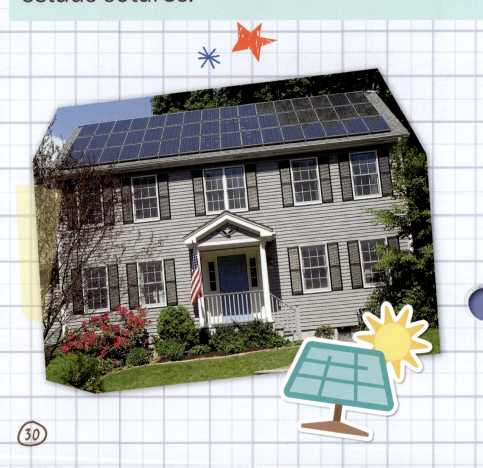

Los seres humanos también han utilizado la **energía eólica** durante siglos. Los **molinos de viento** se crearon para convertir la fuerza del viento en la energía utilizada para moler los granos. En la actualidad, utilizamos molinos de viento para generar electricidad.

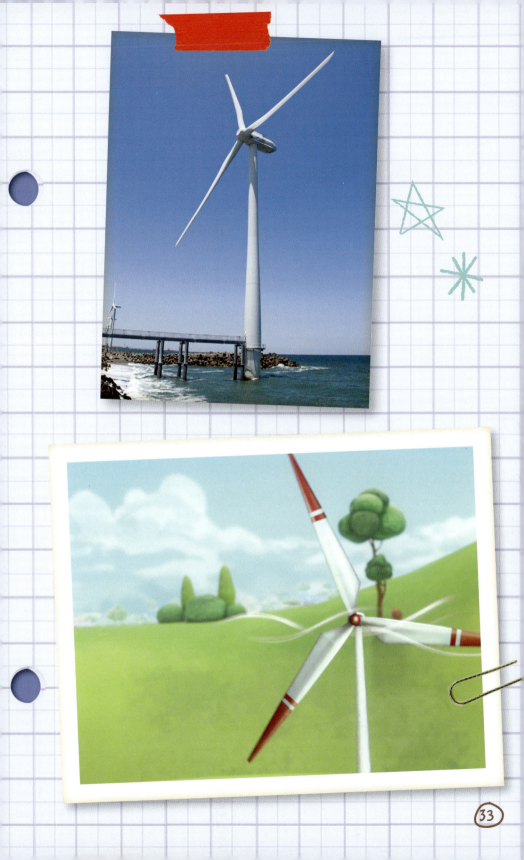

Cuando el viento mueve las aspas de un molino, un rotor situado en su interior gira. El **rotor** está conectado a una máquina llamada **generador,** que convierte la energía del rotor giratorio en electricidad.

¡Un rotor es una pieza giratoria grande que mueve el aire o el agua!
¡Sss sss sss!

GENERADOR

ASPAS

ROTOR

TORRE

Al moverse, el agua también genera **energía hidráulica**. Las **turbinas hidráulicas** parecen molinos de viento en posición inversa. Las aspas situadas bajo el agua giran cuando el agua fluye sobre ellas y así generan energía que se convierte en electricidad.

¡El movimiento del océano!

La energía geotérmica es el calor que proviene del interior de la Tierra.

El núcleo de la Tierra es muy caliente y ese calor contiene muchísima energía. La erupción de un volcán o de un géiser libera energía geotérmica. Las centrales de energía geotérmica convierten en electricidad la energía contenida en el núcleo de la Tierra.

Los recursos naturales renovables son mejores fuentes de energía que los recursos no renovables porque producen menos contaminación y no tenemos que preocuparnos porque se agoten. Sin embargo, aún existen algunos inconvenientes para la obtención de energía a partir de los recursos renovables.

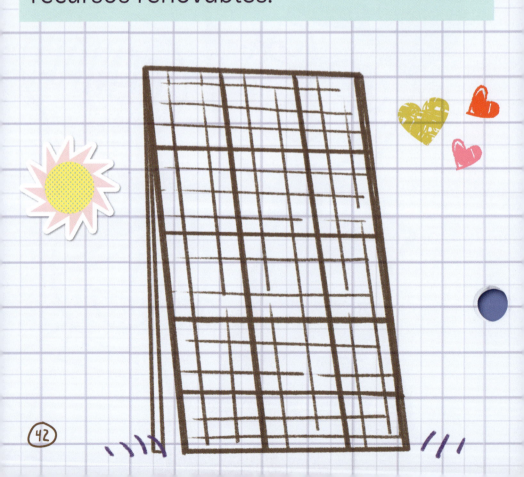

Por ejemplo, en un día, un panel solar común solo produce la energía suficiente para fabricar una botella plástica.

Un molino de viento puede generar energía suficiente para abastecer alrededor de 940 casas en Estados Unidos. Pero los molinos de viento también dañan a los animales silvestres.

¡GUAO!

Los pájaros y los murciélagos pueden resultar heridos si se estrellan contra las aspas. Además, los molinos de viento producen un ruido muy fuerte que puede perturbar la vida silvestre y su construcción destruye el hábitat de diversos animales.

Si queremos preservar nuestro planeta y los recursos que nos brinda, debemos hacer algo más que cambiar los recursos naturales que utilizamos. También debemos utilizar menos de esos recursos.

Basura es cualquier cosa que desechamos. Los seres humanos producimos muchísima basura. Botamos alimentos que no consumimos o juguetes que ya no usamos. Además, botamos ropa e incluso dispositivos electrónicos.

Entre más cosas utilizamos, más cosas debemos desechar. Y toda esa basura contamina nuestro medio ambiente y destruye el hábitat de otros seres vivos con los que compartimos el planeta.

Para producir menos basura, debemos vivir de manera más sostenible. Eso significa que tenemos que pensar en las decisiones que tomamos en nuestra vida cotidiana.

Hogar

(Un poema de Ada Magnífica)

Vivo en un planeta que me da demasiado.

¡Oxígeno, energía, agua y más de lo pensado!

Por eso estoy agradecida y quiero aprender

a cuidar de la Tierra como debe ser.

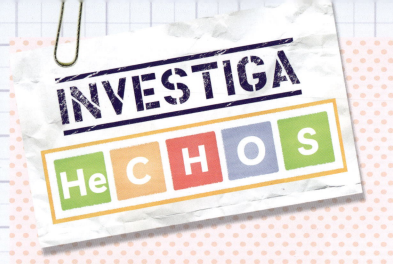

LAS TRES R DE LA SOSTENIBILIDAD

- Podemos **RECICLAR** cosas en lugar de desecharlas.

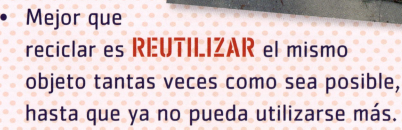

- Mejor que reciclar es **REUTILIZAR** el mismo objeto tantas veces como sea posible, hasta que ya no pueda utilizarse más.

- La mejor estrategia para vivir sosteniblemente es **REDUCIR** el número de cosas que utilizamos. Mientras menos usemos, menos basura vamos a producir y podremos ahorrar más recursos naturales para el futuro.

Reciclar es transformar productos viejos en productos nuevos. Después de que reciclas botellas plásticas y latas, se llevan a una planta de reciclaje donde se transforman en material para fabricar cosas totalmente nuevas. El material reciclado podría convertirse en botellas o latas nuevas. Incluso, podría convertirse en una bicicleta.

Reciclar es mejor que solamente botar cosas en la basura. Significa que podemos extraer menos recursos de la Tierra.

Las plantas de reciclaje necesitan energía y electricidad para transformar los artículos viejos en nuevos. Por tanto, el reciclaje también utiliza recursos naturales.

Muchas plantas de reciclaje obtienen energía a partir de recursos no renovables que generan contaminación. Además, la mitad de las cosas que enviamos a las plantas de reciclaje no pueden procesarse. Tarde o temprano, esas cosas terminan en la basura ordinaria.

A veces, esto ocurre porque el artículo está muy sucio para ser reciclado. Por ejemplo, el plástico cubierto de comida no puede reciclarse.

Reutilizar es una excelente estrategia para reducir la basura y utilizar menos recursos. Por ejemplo, si compras un juguete que viene en una caja grande, puedes reutilizar esa caja en lugar de desecharla o reciclarla. Podrías utilizarla para guardar materiales de arte y manualidades, o para organizar cosas en tu habitación.

Si no te agrada el aspecto de la caja, ¡puedes decorarla con pegatinas, dibujos u otras cosas que te gusten! Esa es una decisión más sostenible que la de comprar una nueva caja para guardar cosas.

Los artículos reutilizables, como las botellas plásticas y las bolsas de merienda que se pueden lavar, también son opciones más sostenibles que los artículos desechables que botas después de un solo uso. La reutilización también se conoce como **suprarreciclaje**.

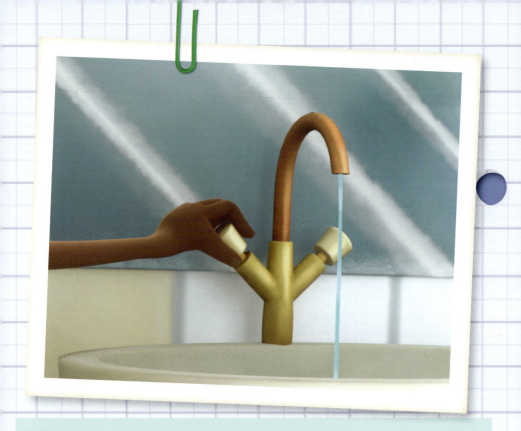

Tanto el reciclaje como la reutilización funcionan para vivir de manera sostenible. Sin embargo, **reducir** la cantidad de cosas que utilizamos es la mejor manera de producir menos basura y utilizar menos recursos.

Apagar las luces cuando no las estás utilizando y demorarte menos tiempo en la ducha son maneras sencillas de reducir los recursos que utilizas todos los días. Otra forma excelente de reducir lo que utilizas es comprar solo lo necesario.

A la hora de elegir qué comprar, pregúntate lo siguiente: *¿Esto es algo que quiero o que necesito?* Recuerda, entre menos compremos, menos desecharemos. Y entre menos desechemos, más saludable será nuestro planeta.

Algunas personas han trabajado durante mucho tiempo para encontrar estrategias que nos permitan vivir de manera más sostenible, utilizar menos recursos naturales y conservar el medio ambiente, de modo que todos los seres vivos podamos aprovecharlo. A estas personas se les llama **ambientalistas** o **conservacionistas**.

Los ambientalistas y conservacionistas trabajan para proteger el aire, el agua, los animales, las plantas y otros recursos naturales del daño causado por los seres humanos.

MARGARET "MARDY" MURIE

(1902-2003) fue una de las primeras mujeres conservacionistas de la modernidad. En 1964, contribuyó a la aprobación de la Ley de Vida Silvestre, que protege las áreas silvestres y preserva los recursos naturales en Estados Unidos.

WANGARI MAATHAI

(1940-2011) fue una ambientalista keniana que trabajó para proteger los árboles, un valioso recurso natural. Fundó el Movimiento Cinturón Verde para promover la siembra de árboles en Kenia. Fue la primera mujer africana galardonada con el Premio Nobel de la Paz.

LISA P. JACKSON (1962–) es la primera afroestadounidense en dirigir la Agencia de Protección del Medio Ambiente de Estados Unidos (EPA, por sus siglas en inglés). La EPA trabaja para proteger la salud humana y el medio ambiente de la contaminación.

DORCETA TAYLOR (1957–) es la primera afroestadounidense que se graduó como doctora en la Facultad del Medio Ambiente de la Universidad de Yale. Trabaja para garantizar la igualdad, mientras buscamos las mejores soluciones a los problemas que afectan a nuestro medio ambiente.

Ahora tengo MÁS PREGUNTAS que antes.

¿Por qué cada pregunta lleva a más preguntas?

¿Es para responderlas que usamos la ciencia?

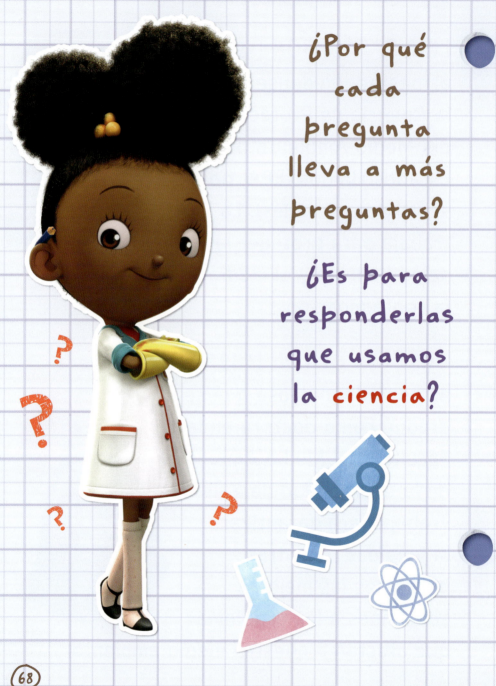

¡MIS PREGUNTAS!

¿Cuántos desechos plásticos produzco en un año?

¿Cómo puedo producir menos basura?

¿Cómo captan las plantas la energía del sol?

¿Cuánto se demora la luz del sol en llegar a la Tierra?

¿Podemos remover el plástico de los océanos?

Si las personas pueden usar menos recursos, ¿podrían hacerlo las ciudades, países, empresas y familias?

¿Cómo funciona un molino de viento?

¿Qué tan caliente es el sol?

¿Cuál es el viento más fuerte que ha soplado sobre la Tierra?

¿Podríamos quedarnos completamente sin agua?

¿Qué tan caliente es el núcleo de la Tierra?

EXPERIMENTOS SIMPLES DE CIENCIA

¡Necesitas la ayuda de un adulto!

¡CONSTRUYE UN DESTILADOR SOLAR!

Cuando la basura llega a las fuentes de agua, el agua se contamina y no podemos utilizarla. ¡Puedes usar la energía solar para purificar el agua!

MATERIALES

- Un recipiente grande para depositar el agua contaminada (en su interior debe caber un recipiente más pequeño)

- Un recipiente más pequeño para recolectar el agua purificada (asegúrate de que quepa en el recipiente grande y quede espacio adicional arriba y a los lados)

- 1 vaso de agua

- Colorante de alimentos

- Un objeto pesado (puede ser un pisapapeles) para darle peso al recipiente más pequeño (si es necesario)

- Un pedazo de plástico para envolver, lona impermeable o papel de aluminio (del tamaño necesario para cubrir el recipiente grande)

- Bandas de caucho (o cinta adhesiva)

- Una piedra pequeña

INSTRUCCIONES

1 Llena el recipiente grande con agua hasta que alcance aproximadamente una pulgada de profundidad. Agrega algunas gotas de colorante de alimentos (el colorante de alimentos representa el desecho que contamina el agua).

2 Coloca el recipiente más pequeño, vacío, en el centro del recipiente grande. Si el recipiente más pequeño empieza a flotar, coloca el objeto pesado en su interior para mantenerlo firme. Asegúrate de que ni un poquito de agua coloreada entre en el recipiente más pequeño.

3 Coloca un pedazo de plástico de envolver, lona impermeable o papel de aluminio encima del recipiente grande. Cubre toda la parte superior. La cubierta debe ser más larga y ancha que la parte superior del recipiente grande para que todo pueda sellarse bien.

4. Asegura la cubierta del recipiente grande con una liga (la cinta adhesiva funciona mejor si el recipiente es muy grande).

5. Coloca la piedra pequeña en el centro de la cubierta, justo encima del recipiente más pequeño. Esto crea una concavidad que hará que las gotas de agua se acumulen sobre el plástico de envolver, la lona impermeable o el papel de aluminio.

6. Coloca el destilador solar afuera en un sitio bien soleado.

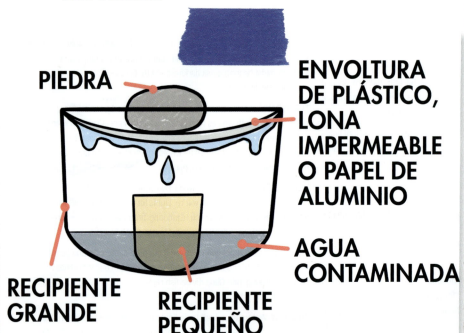

7 Observa tu sistema de filtración por destilación solar durante el día para ver cuánta agua se acumula en el recipiente más pequeño. Puedes dejar el destilador afuera durante varios días: ¡así el sol hará su magia!

¡Gracias a la energía solar, el agua se purificará! Tu recipiente más pequeño debería llenarse lentamente con agua potable limpia que ya no contenga ningún colorante de alimentos. Genial, ¿verdad?

¡CONSTRUYE TU PROPIA TURBINA EÓLICA!

MATERIALES

- 7 palillos de pincho, de madera
- 6 tiras de cartón de 6 pulgadas de largo y 3 – 4 pulgadas de ancho
- Cinta de empacar
- 1 corcho
- 1 par de tijeras
- 1 absorbente (mejor si no es de plástico)
- 1 pedazo de cordel
- 1 vaso de yogur o de postre limpio suprarreciclado
- 1 cilindro de cartón vacío como el de las toallas de papel

INSTRUCCIONES

1. Pega 6 palillos de pincho a las tiras de cartón: la parte plana del palillo debe alinearse con el borde superior de la tira. Deja una pulgada del extremo del palillo por fuera de la tira. Estas son las aspas.

2 Clava el extremo puntiagudo de las aspas en el contorno del corcho, de modo que queden distribuidas de manera uniforme.

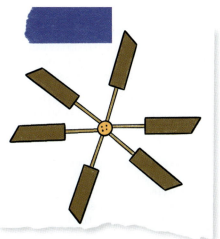

3 Toma el último palillo y clávalo en la punta del corcho.

4 Corta el absorbente hasta que tenga más o menos la mitad de la longitud del palillo clavado en el corcho. Ensártalo en el palillo.

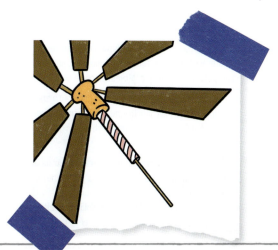

5. En la parte inferior del cilindro de cartón, pega el vaso con cinta adhesiva.

6. En la parte superior del cilindro, pega el pitillo de modo que el corcho y las aspas queden mirando hacia afuera.

7. Coloca tu turbina eólica afuera y ¡observa cómo el viento hace girar las aspas!

8. ¡Experimenta! Crea turbinas eólicas con aspas de diferentes formas, tamaños y materiales. ¡Observa cuáles funcionan mejor!

Andrea Beaty

es la autora de la exitosa serie *Los Preguntones* y de muchos otros libros. Es licenciada en Biología y Ciencias de la Computación. Andrea vive en las afueras de Chicago, donde escribe libros para niños y planta flores para las aves, las abejas y los insectos. Aprende más sobre sus libros en AndreaBeaty.com.

Sirk Productions

Dra. Theanne Griffith

es una científica que estudia el cerebro durante el día y cuenta historias por la noche. Es la investigadora principal de un laboratorio en la Universidad de California, Davis, y autora de la serie de aventuras de ciencia *Los Fabricantes Magníficos*. Vive en el norte de California con su familia. Lee más sobre ella en sus libros de ciencia, matemáticas, ingeniería y tecnología en TheanneGriffith.com.

Fotografía de Samantha Jovan

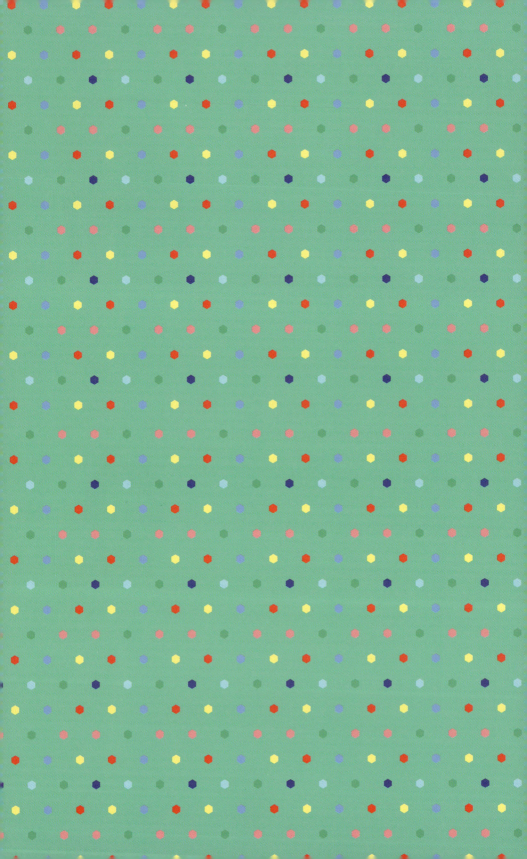